Pc

De

Parmi toutes les mères
quelle chance que

du monde,
tu sois justement la mienne !

Une mère quitte tout,
annule tout
et se précipite auprès de vous,
où que vous soyez…
chaque fois que vous avez besoin d'elle.

Ma Maman.

Mon premier amour.
Mon amour toujours.

Une maman, c'est quelqu'un
qui nous trouve beau, intelligent
et extraordinairement doué.

Parce qu'elle croit en moi,
moi aussi, j'ai confiance en moi.

Le plus grand plaisir de la réussite,
c'est de voir une étincelle s'allumer
dans les yeux de maman !

Une maman,
c'est un cordon bleu,
un psy, un réparateur de jouets,
de bicyclettes et de jeans.
Un chauffeur et une infirmière.
Un expert en astronomie,
en pas de danse, en foot
et en informatique.
Un magicien de la finance.
Un refuge sûr et certain.
Supermaman !

Une maman est capable
de sécher vos larmes,
même par téléphone.

Les mamans tiennent aux petits messages

le coup grâce
et aux bisous collants.

Comment peux-tu faire tout ça ?
Jongler avec la maison et le jardin,
le boulot et les enfants ?

Du temps pour les câlins,
du temps pour la tendresse, du temps
pour faire des bêtises avec nous.

Petit à petit,
sans bruit et sans tapage,
les mamans deviennent
la clé de voûte de notre existence.

. . . du temps

pour soi

Une maman est heureuse
lorsque ses enfants sont heureux.
Mais elle mérite aussi
des petits moments de bonheur
pour elle toute seule !

Je sais que

Merci de m'avoir dit
ce que je savais déjà
au fond de mon cœur,
mais calmement,
clairement, positivement.
Pour que je puisse prendre
un nouveau départ.

En toutes circonstances,
je sais que tu es là,
prête à me venir en aide.

tu es là . . .

Une maman, c'est quelqu'un
qui a pris l'habitude d'aimer,
et qui ne parviendra
jamais à s'en défaire.

Pour ma vie

Merci pour mon enfance.
Merci pour ma vie.

Merci pour tous ces souvenirs,
ces moments forts
qui m'ont aidé à me construire.

Merci de m'avoir fait comprendre
que l'amour était le bien
le plus précieux au monde.
Que j'étais un être
unique et irremplaçable.

Je t'